Fidely BOTATA-BOBOMA

Une mémoire frêle

Fidely BOTATA-BOBOMA

Une mémoire frêle

Éditions Muse

Imprint

Any brand names and product names mentioned in this book are subject to trademark, brand or patent protection and are trademarks or registered trademarks of their respective holders. The use of brand names, product names, common names, trade names, product descriptions etc. even without a particular marking in this work is in no way to be construed to mean that such names may be regarded as unrestricted in respect of trademark and brand protection legislation and could thus be used by anyone.

Cover image: www.ingimage.com

Publisher:
Éditions Muse
is a trademark of
Dodo Books Indian Ocean Ltd. and OmniScriptum S.R.L publishing group

120 High Road, East Finchley, London, N2 9ED, United Kingdom
Str. Armeneasca 28/1, office 1, Chisinau MD-2012, Republic of Moldova, Europe
Printed at: see last page
ISBN: 978-620-4-96441-6

Lueur d'espoir

À Dora Eba

Le sang gicle sans fin dans mon esprit,

L'horloge monstre vivant m'embrasse à bord d'un tourment impetueux.

L'ombre de la mort dévore avidement mes rêves immatures.

Ô lugubres émanations d'antan,

D'ors et déjà s'installe dans l'espace-tendre,

La courbe de la mort des vivants.

Que vais-je faire mon ami pour assurer ton salut?

Ma vulgaire vie ne vaut toujours rien à leurs mirettes humaines...

Je ne crois pas aux maux,

Car je ne connais qu'eux dans ma ville.

Je me vois gracile dans le rétroviseur des temps perdus.

Temps!

Ami de tout homme éternel:

Toi, vie qui trompe le mort de mieux vivre ici.

Je ne brouterais point les gouttes de vapeur de l'existence éphémère.

Ah! pourvu que je meurs !

Epitomé

Ce soir j'ècris ma lettre de demission à la vie congolaise

Je ne veux plus marcher les pieds nus dans la zermi

Ce soir j'ai décidé

Je m'en vais loin d'ici

C'est toujours ma decision, je quitte la ville à coups de reniement et de rature

Le monastère chinois m'excite

La ville a quelque chose de mauvais, tout le manque de pecuniaire me choque

Je suis les rats

L'atmosphère familiale a quelque chose d'ingrat

J'abandonne la nationalité brazzavilloise et tout le reste

Il y a quelque chose de négatif dans leurs regards tribaliques

Je m'en vais en exil dans la planète fougue,

Pour fuir l'exclusion sociale et l'injustice scolaire

Ce soir j'écris ma folie aux messieurs les présidents de merde

Ma tête de nègre ne fait plus peur aux petits anglais, il n'y a donc plus de mystère tout est nul maintenant

Ce soir je m'écris la bêtise congolaise en bonus je deconne comme U'TAMSI.

Monsieur le deuxième président

Où es-tu donc allé ?

Dans quelle nouvelle aventure politique êtes-vous allé vous égarer?...

Les enfants de la nation sont éparpillés;

Ils grouillent de partout pour échapper aux crocs du tyran, la misère

Monsieur le Président quelle formulle faut-il discourir?

Les magazins de la merde française ont pris feu avant hier

Nous avons tous marre des trous de sac banquaire:

Les vrais États nègres l'ont compris

Monsieur le Président tout les monts te saluent,

Pour une économie luxuriante que ton nationalisme deverse.

Dois-je aller moi aussi à BOKO ?

Ô quelle erreur !

Nous t'avons perdu pour deux mille ans de recule

Monsieur le deuxième président nous t'attendons encore au pied du palais des Congrès.

Mes ancêtres

Mes ancêtres les égyptiens étaient noirs,

Noirs comme la couleur de l'ignorance du philosophe allemand!

Mes ancêtres n'étaient pas des sauvages:

Ils ont construit la Civilisation de toute pièce.

On m'a conté hier à l'école que Cléopatre était femme noire, femme africaine.

Mes ancêtres n'étaient pas toujours esclaves ni canibales, ni descendants de cham, ni inferieurs à, ni savageons

Mes ancêtres à moi camarade:

Ils étaient mathématiciens et philosophes et savants au monde

Mes ancêtres et bien ils étaient tous noirs

C'est mon oncle Khéops qui a fait la grande pyramide, l'écriture d'aujourd'hui, le jazz, la boxe et la danse et tout

Mes ancêtres et bien ils ont créé la parole et le feu!

Mes ancêtres camarade:

Ils sont tous Africains.

Je suis ce que Diop appelle dans notre langue:

Enfant de Kemet.

Je suis aussi inventeur de belles choses que mes ancêtres.

Photo de famille

Le vol du grand oiseau est arrivé

Ce jour de Mars

Tu as gouté au trépas.

Je te connaissais fort sage,

Mais tu l'as été plus

Cette nuit lugubre,

Ta sagesse, Papa, était plus que je l'aurais imaginée.

Dans le silence des esprits

De la nuit

Tu as pris ton envol pour la vraie vie,

Sans cris plaintif.

Tu nous as toujours flattés ce jour-là !

Quelle mauvaise blague,

Tu nous fait !

Au cimetière de Bouka aujourd'hui,

Tu reposes.

Je ne me suis jamais retourné

Car je sais que tu me suis toujours

Comme ces fois

Où je volais du pain.

Les temps ont changé malheureusement.

À la maison tout est difficile, tu sais?

À l'école tout est différent, tu sais?
Sans tes conseils, Papa, je serais un petit bandit, tu sais?

Syllabes éteintes

Après un mensonge publiquement applaudi,

L'homme est sorti des entrailles de la vérité.

Après de beaux mots trompeurs,

L'homme audacieusement noir est sorti des entrailles de l'Afrique, depuis le volcan de KATANGA,

Cet homme a traversé le puissant fleuve Congo.

Il est venu de très loin,

Mais ne s'est pas égaré.

Après une fausse vérité belge.

L'homme a répandu à la dernière minute de l'Histoire.

D'une voix immaculée la vraie vérité,

La vérité a sonné comme un tam-tam qui passe après les Chants sacrés du griot.

L'homme est parti toujours d'aussi loin,

Pour s'arrêter net, devant la porte d'un digne fils d'Afrique.

LUMUMBA n'est plus qu'un simple nom, mais un nom commun portant la vraie puissance des fils dignes.

Cahier d'un retour au pays natal

Césaire mon pote,

Me voici dans le ventre de notre terre natale.

Tu m'en as tant parlé.

Ici la terre n'est pas violette,

Mais toujours terre.

Avec Senghor vous m'avez tant parlé.

Malheureusement la duperie a tout mis par terre.

Depuis mon retour au pays natal les frères se tuent pour une simple royale amulette.

De plus Mon pote Damas,

Laisse-moi te dire que les mères nous imposent encore le Français du petit français.

Césaire mon pote,

Tout le monde t'as critiqué parfois en dérision:

Tous mots surtout maux de toi, mon pote, n'étaient que leurres.

Je t'écris depuis la France-Afrique, mon poète.

Demain peut-être tu aurais de mes nouvelles à midi.

Une grande sœur

J'ai ce soir jété un coup d'œil dans la nuit noire des souvenirs. Le fossoyeur a déjà fermé les yeux dessous. On t'a certainement oublié quand tu vis de l'autre côté de notre monde fragile. Brazzaville est amensique, ça tout le monde le sait. Mais quand même tu as laissé des traces de pas dans le mur temporel de nos memoires. On ne parle plus de cette bonne Samaritaine qui aurait fait taire le sida. Nous n'entendons plus rien. Hein! Lucie princesse de l'Amour et de la paix. J'ai ce soir le hoquet de te parler en toute solitude. Tu es censée être aux ciels avec tous nos héros et martyres Congolais, si c'est vrai, dis le bonjour à Monseigneur Kombo et à Leyet GABOKA et au Cardinal de la montagne rouge.

J'ai ce soir reçu la visiteuse d'hier.

Cette nuit de mars est un peu comme une resurrection pour moi. C'est vrai que nous les jeunes d'aujourd'hui n'avons pas hérité de ton altruisme debordant. Madame la première dame je me parle avec amertume et je sens quelques gouttes d'espoir qui me restent à la gorge.

Je crois à la nouvelle vie après la mort pour des hommes et des femmes justes au Paradis, je crois que tu vivras toujours dans le coeur des siens Edith.

Lettre à un Poète du Fleuve-Congo

Je t'écris de loin, depuis les bords de la terre des vivants.

Devant le fleuve que tu aimais tant contempler,

Du côté de l'île MBAMOU; c'est une motte rouge

Qui s'est réfugiée au milieu des eaux

Pour éviter de fondre en larmes.

La poésie n'est pas morte: elle ne s'arrête pas comme la vie.

Là, derrière les souvenirs sont flous,

À cause des pleurs que la routine étouffe.

Les voitures roulent mais ne laissent plus de trace comme le passé d'un poète.

Je te plains toi, là-haut, dans l'au-délà seul,

Avec les plus beaux rêves des hommes

Dans le paradis du Christ.

Tu dois être heureux dans les quartiers célèstes.

Ici la lune n'est plus au sommet de la nuit.

Que veux-tu, la vie n'est pas rose comme la poésie,

Chaque jour elle s'accroche à quelques épines.J'ai tous tes mots au bout de ma plume,

Et tes rêves aussi, vraiment mélancoliques:

J'ai imité le poète à l'espoir d'une germination nouvelle dans l'extase.

Adieu, la memoire d'un grand homme ne dure qu'un temps mou,

Écouterais-tu

La parole du griot

Qui chante l'Afrique

Des temps mémoriaux

Qui dit

Ces rois vaillants

Sur le chemin de la guerre

Contre la cargaison de l'envahisseur

Et la beauté des reines

Aux sourires immortels

Ton futur écrit

Du haut de mon âme

Comme un oiseau totem

À tes chevilles déliés

L'ensemblitude

Et mes espoirs resuscités

Je t'apporterai

La semence d'une nouvelle Afrique

J'assume

Le malheureux

Je suis donc seul à l'assumer

Et j'assume

d'être éternellement grand prêtre

Au nom de la dictature positive

J'assume pour nous tous

D'avoir été un fabuleux sanguinaire

un draculat en costume cravate

J'assume tout mon passé toute cette histoire de bleach

Je dis à notre peuple affranchi que

Si de graves erreurs ont été commises

Seule la volonté de faire la guerre pour

Le trône toujours me guidait

Seul le grand amour du pouvoir comptait pour moi

Seul l'argent le luxe et la gloire comptaient pour moi

J'assume toujours d'être responsable de la chute de l'Afrique entière,

À voix haute

Si je suis ici aujourd'hui mon frère X,

Ce n'est pas parce que je suis musulman ni noir seulement.

Je suis ici aujourd'hui mon frère X

Parce que je dois te parler de ce que tu n'as pas fait.

Tu es parti auprès d'Allah trop tôt,

Tu es parti auprès du Tout Puisssant trop tard.

Ton départ mon frère nous a laissés orphelin de l'orateur vurilent de l'Amérique.

Mon frère, tu as déposé les armes trop vite:

Depuis ta mort, mon frère, rien n'a changé vraiment;

Il y a toujours ces mêmes histoires de gangs, de prostitution, de misère, de racisme...

J'aurais aimé que tu sois là,

Pour répondre au président raciste qui nous insulte à la télé.

Rien a vraiment changé,

George est mort devant sept milliard de voisins

La police est toujours négrophobe

Si tu écoutes cet enregistrement mon frère

C'est parce que tu avais un rôle a joué,

Mais tu es parti trop tôt auprès d'Allah.

J'ai vu ce rêve

Les mondes avaient une lésions,

L'air de la ségregation avait

Ces temps des demons

En legions.

Jeune de 25ans

Tu as touché avec

Audace la plaie

Qui puait le racisme

De tous sens.

Tu n'avais pas brondi de sagaie

Ni de revolver.

Au nom de l'Amour

De toute race:

Blanche, jaune, rouge et noire;

Tu t'es fait passerelle

De ces mondes.

C'était un chemin imbibé

De haine, de préjugé et

De mort.

Tant de fois l'assassin a raté

Son coup.

Luther, tu n'es peut-être plus ici,

Mais l'année 2008 ...

Pasteur, j'ai vu ton rêve pasteur.
Au nom de l'amour des hommes et du Christ.

Les morceaux d'un rêve

Une fois la vérité dans la palper de mon être. Je deviens ipso facto altruiste, ma fièvre va guérir ta fraicheur d'âme.

Une appréhension profonde des choses vécues, curieusement Lipanda m'a caressé la peau dure, en la baisant de tes maux. Ma conscience commune somnole tout jour. Elle était le pivot de nos drames quotidien, de nos morts lentes, de nos mots muets, de nos avis suffocants.

Lipanda qui passe une bonne partie de ses journées à essayer d'apprendre aux aveugles comment contempler le firmament rose de l'avenir.

Une fois le rêve brisé, je t'apporterais la cendre de nos couchemars sechement dessinés sur le front. La poudre de quelques gosses morts pendant la fête de 5juin.

Je t'apporterais Madame,

Le vieux cercueil dans lequel nous gardions nos plus beaux rêves lumineux.

Je t'apporterai grande soeur, Lipanda, l'avenir obscure de nos mères mortes de faim au village.

Les rouges à lèvres s'effritent

Les roses sont transparentes

Les ciels sont verts

La violette est bleu marine aride

Quand je mange ton visage

Tout est sombre comme le soleil

Et ton apparution illumine ma lanterne

Je te vois depuis

J'ai perdu la vue

L'attente ne dure que peu

Le feu brûle toujours dedans

La boîte à lettres

Chaque journée attend ta lettre

La chanson ne fait plus danser

Les roses se mangent les pétales

Tout doucement comme nos chagrins

De nœud neuf

Les rôles rôdent et roulent au rang

Si belle comme une orange amère

Tu t'en vas si belle comme une lune de cœur le jour

C'était une folle

À Eldiva Loreth

Drôle de dame

Me pointe du bout

De doigt.

Tout là haut,

Avec un regard

Incandescent comme

Tout jour et toujours.

Drrôle de date,

Ce jour-là !

Comme par deux tours

De magiques clins d'yeux.

Presque en bleu rose,

Elle est venue près

De ma solitude pathologique.

Toute bruyante comme

Toujours, elle était folle!

Dis Donc et ?

C'est une amie de tout cœur.

Une folle à l'extérieur

Mais, Tu sais quoi ?

C'est une reine au fond.

Drôle de dame

Est juste là

Belle comme la lune

Au jour d'un Saint-Valentin

Drôle de date aujourd'hui

Eldiva Ansi, ainsi nous nous sommes vus...

Un nouveau

Crétin déverse sa soif dans la rue

Dans la chaleur étouffante de la nuit

Au bout du monde

Plusieurs crépins longuirent l'absence du temps

Un fœtus et un monde absurde

Qui essaie le mimétisme de l'irréel

De la vie

La gifle hypocrite du modernisme ancien l'aliène le condamnant à l'incompris

Je passe le relais aux passants véritables mortels

Le silence après la tombe baise l'orgueil de tout môme

Le ressaisissement autour de la chute appelle un éveil éclaire

Et le temps qui court nous déprime toujours en vieillissant

Lady true

Christiana Eba

Le temps lui manque,

Pour finir cette toile en ciel rose.

Les mots lui manquent,

Pour definir cette étoffe d'azur.

Tout une tour d'émotions ludiques:

Une éclosion de pétales de joies immatures,

Une exclusion de fleurs amers et mûrs;

Tout lui monte à la tête.

C'est de la pluie en plein midi,

C'est de la lune en plein midi,

C'est qu'elle a au bout des yeux la douce

Et la dureté du monde.

Elle aurait eu sans se soucier des bornes

De la paix et de la guerre, tous deux.

Tenace et tendresse, elle pivote entre les deux.

La rosée crépusculaire

La lumière du soleil a sillonné toute la terre

Au cours de son voyage

Elle a vu de nombreuses mystères

D'abord la pierre puis le sol puis le sable

Puis la glace puis la mer

Au cours de son vayage

Elle a vu de nombreuses choses épouvantables

Ensuite le chaud et après le feu

Les flammes le brûlé et le volcan

Elle a vu la tempête l'air et le vent

La grosse balle bleue tournait à toute heure

Les hommes sont nés près du troisième ciel

Elle l'avait aussi vu

On a pris du feu au près d'elle

La rosée du matin est venu

Un matin de mars l'an primitif

Les étoiles parlaient aux hommes et rien ne mourrait

L'erreur vint à minuit et tout devint ennuis

La lumière du soleil a vu l'apocalypse

Au terme de son voyage

Elle s'est jamais reposée depuis

Elles'en dort

Dans le cœur de tous petits curieux qui scrutent encore les cieux.

Désespérée

À Dinana Divine

De toutefois espionner la toiture

De l'homme c'est tout jour,

Les mêmes facettes hallucinantes.

De toute façon l'espoir me torture

De l'amour j'en veux.

Attendre une minuscule particule

De fidélité.

J'aurais, Je le promets, être

Une naïve amoureuse.

De telles déclarations ne sont

Vraies que dans une narration

Et C'est tout

Ils n'ont tous pas un jour eu de scrupule.

J'en veux à tous,

Et il est comme une tomate

Toute piquante au bout de la langue

Fidely BOTATA

Une mémoire frêle

Poésie

Je m'en voulais tant, je me voyais te mettre à l'écart de ma vie: Congo-Brazzaville. Je te dédie le fruit de mon petit jardin. Ce n'est toujours pas grand chose. Mais C'est ce que j'ai trouvé pour rafraîchir ta Mémoire . Je le dédie à Ruth (Pour son Amour infaillible!), Ansi Loreth Eldiva (une vraie folle d'amour), Guergia Etoua pour tout !!! Je prétends avoir mis mes sincères sentiments quand j'ai écrit ces poèmes! Surtout pour toi, Brazzaville, ma muse.

Schiffer Reservée, Vanel Dinga, charlina Bouka, Aïcha Yoka, Francema, Céleste Akina, Preste Kalanga, Fredy Issamou, Dinana Divine, Sarah kombo, Okuya Roméo,Sama justesse, Alphonsia Bohono, Ginelle Ekeke, Luttesia Ngolo et Ma Galie Florie bayonne, Richenelle Eba et Christiana Eba, Amour kef:

je souhaiterais bien partager la beauté du monde avec vous tous et à vous dont les noms sont dans le cœur que la mémoire a gravé pour toujours.

Je ne dis pas que ma poésie a avec elle, la toute beauté du monde, d'ailleurs j'ignore vraiment si elle est belle. Mais simplement je nous invite à voyager dans ces dimensions infinies à la rencontre de la pure beauté(pour moi, la pure beauté n'est pas figurative, mais contemplative: elle n'est rien d'autre qu'une vue vers le ciel étoilé, vers une fontaine, vers un rayon de solaire). Je ne prêche pas l'art pour l'art; la beauté a un message de paix, d'amour et de fraternité. La beauté est un panneau indicateur vers l'amour, vers Dieu !

La palabre sterile

Je veux des enfants, disait-elle, toute coquine, elle était !

Je veux, J'en veux, des enfants; le reste on s'en moque !!!

Au fond, elle ne voulait pas de la solitude,

Elle en avait en horreur, ce manque...

La promesse accomplie, ils y étaient.

La première fut le bonheur, comme d'habitude...

Au delà d'elle, un second puis une litanie.

Elle tomba un matin dans le cycle sénile,

Et vint ensuite le trépas de la première née.

Les étoiles écarlates véritables détracteurs virent en elle

L'Anthropophage.

Son visage devint pâle et mile et éclatement s'envolèrent !

Toutes les larmes de son corps, elle en sortit !

Une nuit de lune de coeur, elle s'en alla toute seule

Avec les plus beau rêve de la grand-mère ...

Sa posture trône là haut au salon de famille.

Elle sait qu'elle n'est pas seule,

Pétrifiée dans sa dernière demeure, sa prière est un souhait: Je veux bien voir mes petits enfants ...

Une mémoire frêle

Déclaration d'amour

Deux ou trois trucs, que je vais certainement oublier. Mais ne t'inquiète pas! Je l'écris avec tout ce que je ressens au fond de mon cœur, c'est ringard peut-être de ne pas le dire en face. J'ai, tu sais, depuis la première vue ton visage au bout de la plume. Ton prénom *Ruth,* se répète interminablement dans ma tête !!!

J'imaginais que tu serais surprise de lire tout cela. Je ne veux plus perdre de temps inutilement, je t'aime et je ne sais pas pourquoi tout me pousse vers toi; J'ai peur de te perdre voilà donc la raison qui me retenait prisonnier dans cette tour sentimentale. Ma tendre amie je suis devant ta porte, je n'ai pas de fleurs à t'offrir, à part mon cœur et tous les rêves d'amour.

Comme tu peux le voir, je brûle d'affection et de désir pour toi . Mais je ne sais toujours pas pourquoi. J'aurais aimé t'écrire un poème, hélas ! J'ai tout simplement dit mon Amour pour toi sans rien ajouter. *Ruth,* je t'aime .

Ça ne vaut rien du tout !

J'ai reçu une invitation

Sans mon propre avis

Ils appelle ça la vie

Après maintes tentations

Il est si près de moi cet ange

Je ne pleurniche pas pour si peu

Qu'il pleure comme elle veut

La corde fait

Je vous laisse une lettre d'adieu

Et un corps sans souffle

C'est mon ultime vœu

C'est mon refus de cette condamnation

Je ne regrette rien du tout

Ni la souffrance d'être en vie

Car en fait

La vie ne vaut pas un clou

Fleurs de vie

Je confonds la douceur et le plaisir

Je confonds l'amour du calme des étoiles et de leur sourire :

de la glace et du bon parfum de maman.

Je confonds la vie, d'un rêve d'antan, toute douceureuse !

Je confonds la vanille et l'atmosphère rosâtre du matin après un profond sommeil.

Je m'allonge tout là haut en l'air, épiant les nuages comme tante Amelia avant hier...

Mon rêve la nuit

**Cela doit faire plusieurs
Croissants de lune que je fais
Ce rêve: Elle brille dans
Sa démense frivole et m'emporte**

**Trop bas, parfois c'est vrai je résiste
Un peu. Mais on succube toujours;
C'est elle qui a plus de ruse
Que moi ! Elle abuse de**

**Moi chaque lune pleine.
Je suis comme un objet de
Libido pour elle.
Je ne sais d'où elle m'est venu...,
Je me dégoute: me voir tard les nuits,**

**Tout souillé. Ma chambre tant de fois close,
Elle s'introduit par des moyens
Qu'elle-même sait. Et, si vite s'en va.**

**Pas de peine ni panique de ta part mon âme,
Ce sang précieux a un rôle important pour nous.
Tout puissant de son nom, il guerit.**

Le voyage du pèlerin

Je marche toujours du côté de la vie mais dans la tombe

À cette vile vie, j'ai tourné le dos depuis

Les vents de l'ours ont soufflé

Mais je marche toujours du côté de la vie

Tel un oiseau de minerve je m'envole aussi loin
dans ce trépas

Qui est la vie des justes

J'arrache le pas aux pieds

Au bout de la méditation les

Cantiques ont trouvé la clef

Du **royaume**

Il n'aura suffit que pour le Sage des sages deux et une gouttes de sang céleste
pour défaire la roue du sort

J'ai toujours marché durant des journées haineusement sombres et tant de
travail futil

Ma route est là

Près du pardon et des prières de sanctification

À l'amour désireux aussi j'ai tourné le dos

Ma route tel un philosophe athée devenu ermite

M'est violemment tendre d'épines

Cherchant donc secours auprès de mon Rabbouni

Je marcherai seul avec le cœur plein d'amour pour les saints du premier jour de
l'humanité

J'ai commencé la marche dès aujourd'hui pour arriver tard dans ton Royaume !!!

Une si jolie planète

Marre et mare de cette peste,

J'en ai marre !

De cette peste:

Il n'y a de la mare partout ça pue l'exclusion!

J'en ai trop de cette ville...

De la discrimination à perte de vie

De l'exclusion à perdre la ville

Leur cœur est tout faux

J'en ai vue, toute fosse

C'est terrible, c'est des fauves

La coeurrdonnière dit qu' il y a un trou

Dans leur cœur.

Mare de merde, je suffoque

De tout ça, je suis troublé

En étalage toutes les fautes

De l'amour à la mort en un clin d'œil

J'en ai marre, la paix est impossible

Une si jolie planète: Ils parlent encore de guerre de famine de mort et de racisme et de...

La solitude a émergé en faisant de nous des enfants de la rue, la distance a changé ce sourire en tristesse, un peu de toi en moi reste, encore plus dans tes paroles quand je dors, la mélodie silencieuse de la nuit me berce, à cette heure qui m'emporte dans la nostalgie de ton corps: peindre ton beau sourire avec de l'encre c'est le meilleur métier que j'ai fait avant de te rejoindre dans ce monde mystique. Une vie n'est rien, une vie ne suffit pas pour t'oublier; à chaque fois ta voix m'appelle à me suicider afin de nous trouver dans ce monde étrange. La douce violence de ton manque m'envahit. Ce soir la lune est rose ronde, l'encre blanche à beau coulé de mes yeux.

La belle vie, c'est la fin de celle-ci. Une vie sans amours, la vie belle n'est plus qu'une ruse.

Les facettes du mot

Mes mots ne sont rien
d'autres des rayons sombres
du soleil
Qui se posent sur mes lèvres sèches
Des mots que chacun vit à voix basse
Que chacun partage sans regrets
Dans la marmite des souvenirs
Sans plainte car c'est les leur
C'est aussi des braises de la vie
Véritables délice pendant un instant
À cheval pour une nouvelle germination
Mes mots ne sont rien d'autres que des mots de toujours
Des mots de tout le monde
Pour une nouvelle générosité

Vous mourrez dans dix jours

Il y a déjà deux semaines

Et la vie n'est plus ce qu'elle était.

Dans peu de temps l'enfer

est entré dans notre monde,

Il y a déjà un mois qu'ils comptent les morts

Dans la rue je ne vois personne et

N'entends aucune voix ni bruit

Les jours nous passent à la promiscuité

Des parents et pourtant

Nous avons des gestes barrières

Les écoles sont fermées les églises aussi

Les copains sont aussi confinés

Après une année dix-neuf et vingt infectées

Les parents ont recommencé le boulot

L'école aussi la bagarre aussi

Et

Pour tant de morts eh!

Pourtant des morts en Ukraine

Aveugle

Hier la Dona Béatrice voulait de la réunification du royaume Kongo, aujourd'hui Cheik, kwame, le Lybien et les autres parlent de l'Afrique unique . Demain les jeunes négriers animés par l'esprit des hôtes réaliseront l'ultime dessein qui maintenant me semble onirique.

Dans mon déluge devenu mon compagnant de toujours, j'ai beaucoup nagé et puis vainement espérant trouver le bout de cœur que les dieux avaient depuis la nuit des nuits rompu. Le desert aquatique sans blessure chagrine, ressasse toujours mon âme de visiteur toujours à la recherche de ma lanterne enfouie dans la mer.

Dorénavant la nuit des nuits se fait un peu plus sombre que toujours, elle et moi avons connu l'amour à travers nos embuscades sentimentaux. J'ai mis une partie de moi dans chaque temps perdu qui passe par l'horloge de Dieu.

Devant l'océan, enfin sorti du désert que je suis à nouveau devant mon ex-problème. Trois minutes ou trois siècles ont laissé leur odeur sous mon nez de jeûne renifleur de sensation éternelle et peut-être fidèle. Les vagues ont été fortes, mon voyage était plus fort. Je ne sais rien de ce que je cherche. Mais ma lanterne est très proche.

Allons-y voir dans du bois de la forêt des aveugles. Tant que mon cœur aura la flamme. Je marcherai jusqu'aux confins de l'univers mystérieux. J'irai à Jupiter à Nepturne, dans l'astre brouillant de lumière qui nous apporte le matin. J'irai voir Pemba.

Ma lanterne est très proche, mon cœur ne bat que pour elle. Ma vie ne brûle que pour éclairer la sienne.

Ma lanterne est très proche.

Les mots

C'était la littérature

C'étaient des mots

Des mots écrits en noir dans du blanc

C'était la lettre qui ne tue pas

Je m'écrivais aussi des poèmes

Parfois des lettres de suicide aussi

C'était des graffitis

C'était mes écrits

Mon tout premier écrit

Dans du blanc

C'était des personnages

Des hommes vivants

Des idées puis la pensée

Avant cela, il y eut l'émotion

C'est devenu le prolongement de mon âme...

C'était l'engagement

Après, c'est toute une vie

Une vie qu'on écrit

Tout petit je faisais la même chose

Déjà

Ça ne fait pas longtemps qu'il faut que je meurs(1980) telle une lettre vocale:
HUIS-CLOS a sonné et tout là

Je m'en vais déjà...

Poèmes rustiques

Lorsque la nuit est descendue, on a entendu dire qu' il a les paupières closes à jamais. Et que son corps sera rapatrié à Brazzaville (pour retrouner à ses origines). La providence a écouté sa prière:

Parmi les ruines de Mandou désertée de ses filles oublieuses. Où l'ouragan des passions ou l'effroi de la mort les disperse par toute la terre. Où le soir, lorsque la vie s'alourdit. La foule l'a reçu en pleurant. Je passe par là où est couché sous un humble tumulus comme tant d'autres fauchées, jeunes et vieuxs avant la funeste diapora. Il attend l'heure du jugement. Sur ce tertre fatal: Il n'y a rien que de pauvres fleurs de champs et l'humble croix du Christ. Comme un passant avisé, je scrute ce qui est gravé, ce modeste mausolée, il est écrit: *Ici repose Dominique Ngoye-Ngala.* La mémoire dira: 《Un rien de Mandouan qui ne fit pas grand chose pour sa patrie》 et les amis diront : 《Si ce n'est qu' il l'aima avec piété.》

La paix sur toi et dors tranquille.

Le poète de la révolution

Pour notre poète pour la révolution

Une mémoire oubliée

Que les femmes et les hommes le savent

Et je veillerai pour la conscience de tous

Que ma plume soit gracieuse

Et ma voix nette et claire

Une mémoire perdue, me mêle !

Et devant tous, du vent qui part

Vers les mots qu'on oublie vite

Ces mots seront flous et tristes Ils alleraient comme des larmes aux yeux

Le vieux griot est amnésique

Les musées qui conservent la mémoire ne seront pas construits

Les enfants ne chanteront pas les *trois glorieuses*

Les femmes ne sortiront rien:

Pas de pagne pas de bigoudis ni de 《*tsambi*》

Elles ne chanteraient pas !!!

Pour notre poète de la révolution

Mes poèmes s'en iront sans trace

Pour oublier l'oeuvre des Immortels.

Journée internationale du livre

- Avons-nous réellement dénoncé ces maux, en les publiant, en les affichant, en parlant plus de cela ? disait le vieuxs écrivains dans son fauteuil.

- C'est pas ce que l'on a désiré qui est manifesté maintenant, un autre prenant le micro.

- Le contraire est bien visible, la contradiction est fructueusement nocive ! Ainsi poursuivait Le vieux loup aux yeux de verre.

- La chose est usitée. Normale, valable et cohérente dans la bêtise!

La journaliste rougit au fond du canapé: Quelle gâchis, se dit-elle.

- Le livre, eh bien, le livre Monsieur l'écrivain...

Une fille étrange

À Tina

Le temps passe drôlement vite,
lorsque la femme aimée est loin.
Les souvenirs circulent sans arrêt
dans la grande avenue du cœur.
Pendant que les sentiments se bousculent
entre eux.

Tout se résigne à accepter une
réalité très simple;
peu importe ce que l'on a fait ou
que nous avons fait:

Nous nous aimons encore,
et,
il est impossible d'effacer tout ça
avec de vaines décisions.

L'émotion est hellène comme la raison est nègre

Si l'on regardait à la loupe,

on on se rendrait compte qu' en fait,
même la raison qui par rature est blanche
et ordonnée par rapport à l'émotion,
tire, elle aussi, ses sources dans celle-là.
L'émotion est l'élément provocateur de la raison,
elle est aux fondements même de la raison.
L'émotion est une humaine, elle seule tonifie,
elle donnera plutard naissance aux raisins interdits.
La vigne domine le monde parce qu'elle est humaine seulement.

La bibliothèque

À Celeste Akina

Cette petite bibliothèque de la *FLASH* n'a réellement que peu changé toujours bruyante l'air est hostile et plus ou moins attirant. Ah! notre réservoir pour cadres de demains est minuscule quand il s'agit de fréquentation, aucun étudiant parfois et pourtant ça jacasse comme dans un stade de foot de rue à la Brazzavilloise.

Je reviens régulièrement ici lire Simone de Beauvoir ou son copain Sartre. D'ailleurs sa littérature m'est nsupportable, par sa..., ou qu'elle soit. L'Absolu reste irréfutable. N'allons pas loin, restons à nos petits problèmes d'étudiant sans bourse.

Semestre VI

Amis, rappellez-vous ces jours arrosés de rayons tièdes,
nos contradictions.
Amusons-nons encore comme ces naïfs
écoliers

Ah! la bête époque, dans la cour.
La flûte du temps nous appelle à l'art de l'humour...
embelli l'instant. La pluie douce de nos souvenirs ruinés.
T'appelle ma chère jeunesse perdue dans l'ombre des craies
poussiéreuses qui toujours, toujours s'évadent.

Ô! Ces jours furent le café de nos soirs d'adolescence.

Une voix loin là-bas,
je crois entendre *Justesse* toujours si justice...

Peut-être *Ginelle* ou *Alphosia :*

-T'impose trop ! C'est un devoir de groupe, disait Schiffer.

La réplique de *Sarah* et *Jessica,* Fidely sois concentré...

Regardez comme C'est joli joli le sourire d*'Aïcha* et *Chana.* Tiens! elles se
cachent tout en bas *Dora* et *Ruth*...(*Métina* me frime).

-Allô, Jaël ?
Je n'ai pas vu *Preste* et *Céleste Akina.*

Vous savez à quel moment un ami perd la vie ?
Eh bien, quand on l'oublie.

À Sarah...

Vole comme cette plume qui va à plein-temps

Comme celle qui à l'aurore se claque la belle figure

Vole toujours

Car ta plume bat le cœur

Comme le dangereux sentiment des amants perdus

Tu l'aurais si ta palpitation était encore vivante

Cœur d'hommes fait de chaire et de poussière

Ô toi temps!

Souffle fort devant ma convalescence, perturbation douceureuse de la virile vie d'homme

Souffre pour nous !

Pour briser le sort des monstres aigus qui nous tuent, toi et moi,

Sortiront des larmes de feu chaud

Jeune fille du monde des vivants, court très vite, saute très loin dans l'océan du bonheur,

Dans l'amour du Christ

Vole comme l'Ange messager

Et, ma jeûne sœur de calputta

Dis avec zèle

La *Bonne Nouvelle* celle avec quoi ta vie est morte pour vivre en Lui pour toujours

Je te vois près de son royaume céleste

D'où est sorti la lumière de vie

Vole avec les ailes d'aigle du message, parle avec la Grâce de l'esprit, adore avec la soumission des Saints, toi jeûne fille, tu es choisie

Tu es son élue

Vole comme un ange immaculé dans l'amour et la paix du Christ Jésus le Roi

Abstiens toi pour ton Salut en notre Seigneur

La terre est belle comme une goutte de sang

La guerre en Ukraine

Au nom de la paix des hommes

Nous nous sommes dits

Au nom de la fraternité des hommes
Nous nous sommes dits

Au cœur de l'entre-deux querelles

Nous sommes nous convenus:
Que la paix pour les cinq fantastiques serait blonde

Qu'elle serait la priorité de tous
Au nom de la guerre des hommes
Nous nous entre-tuerons.

Au nom des intérêts individuels

Nous ferons la guerre notre priorité
Que le nucléaire soit !
Et que la paix agresse la paix

Dans un fichu discours amical,
On se déclare la guerre
Le troisième bain de sang n'est pas évité
La bataille suivante n'est pas à éviter

Au nom de la paix de Dieu !

Tout pour le peuple

Rien que pour le peuple,
Comme une virgule qui sépare la vie et la mort,
Tout pour le peuple
Comme passer le devoir au dessous
Même de sa propre vie
Rien que pour le peuple !

Tout pour le peuple
Et même au dessus de sa mort
-*Je le lave de mon sang*

Tout pour le peuple

Le camarade du peuple, tu étais!
Rien que pour le peuple

Presque à la morgue, je citerai ces mots de gloire

Tout pour le peuple

Ma mémoire est sale, vais-je me purifier ?

Rien que pour le peuple...

Mémoire d'outre vie

Le rêve est un souvenir d'une vie ailleurs
L'amour est l'armure de l'esprit
L'être humain a deux souvenirs
comme les deux perles d'yeux pris
La haine n'a pas d'issu
C'est un impasse donc rien
Ma famille aujourd'hui était la mère du copain
Qu'on a cassé la gueule hier
Ta vie est un rêve bleu
J'ai le trou de mémoire dans mon cœur
La vie d'un homme est un souvenir
Il n'y a pas de différence entre la tradition
Et la mémoire d'enfance
Je sais où je suis, les ancêtres sont là
Avec moi
La poésie n'a rien à donner aux poètes
La beauté non plus a besoin du joli
L'Homme a la chance d'en avoir besoin
Je n'ai de raison !!! C'est vrai!
Parlez-moi de mon père je serai comme lui

Rupture

La pirogue, la petite pirogue qui jusqu'au fond de la mer s'enfonce toute joyeuse toute seule, la voile arrache de ses dents les courants d'air frais. Elle voltige au dessous du firmament et vesprée... l'équipage est remplie d'une plénitude aquatique, la grisaille du lendemain est d' une surprise qu'en y pensant j'arracherai ces hommages à deux mains, pour une présentation mystique:

Ceux-là ont conquis l'Amérique avant vous!

La pirogue tangue, enfouie dans l'immense fleuve de nos souvenirs, qu' ils survivent ou pas. Je voudrai leur offrir une image d'eux-mêmes ! À l'agonie ce capitaine a crié, on ira jusqu'au bout de la nuit. Le monstre marin a coupé court! La mémoire chavire tendrement dans l'oubli

Trois mots suffisent

À une amie de la fac, Tesse...

J'irai droit comme ton prénom l'indique

Unanimement avec le cœur,

Sous le vent je souffle un

Testament qui n'aura pas de poussière un

Espace d'une vie, l'amour est éternel

Sans billet de banque! Je te l'appelle

Sur tes lèvres de femme, je l'invoque

Éternellement. Je te veux si près de...

Une année au lycée

Jubilé ou indulgence, que sait-on ?

Toi, ma tendre Luttesia, que sais-je?

Si tu me disais..., que savons-nous?

- Tu es le noyau de notre amitié !

Galie se confiait ah je suis...

Une indulgence...

Juste une année encore. ;

Terminal et Bac notre priorité et nos peines souvenirs ;

Une de perdu et dix ne sert à rien ;

Perdu pour perdu, je ressasse ce comportement ;

Rigolo qu' avait Galie à l'époque.

Toi, ma tendre Luttesia:

- Comment tu le disais déjà ?

- Tiens!

- Eh oh! Pas ça... ;

Une indulgence pour passer rien qu' une année ;

Rien qu' ensemble.

Une mémoire frêle

À Ibara

J'ai commencé une belle promenade
sur les dunes d'un somme amnésique...
Que l'on parle de moi ou d'eux,
Je m'en tape c'est tout, deux suffisent déjà!
Que l'on ne veuille pas je marche dessus:
C'est une insulte contre le temps,
Leur ton est avare de chantage...
On s'échange de vers de couleur ouverte.
Ou des roses pures et deux ou trois mots innocents.
Ça m'en tape!!!
Gueuler pour ma propre mémoire.
qu'elle parte en vrille.
Telle une chose pudique
Je leur rend hommage sans rancune
à travers quelques-unes de ces lacunes.
C'est une trace sur le fleuve Congo
D'où la grandeur de Dieu est imminente...

Comme une étoile

Dans les ciels des hommes,
mes pas sans trances de pieds; ;

je m'en irai très tôt. ;

Come un faisceau ténébreux ;

ma vie ne serait plus qu'un recit. ;

Dans les cieux du Seigneur, ;

mon chemin prendra fin. ;

Trebuche et marche ;

donnent à eux seuls sens à cela ;

Comme une éclaire ;

qui sourit et ses dents blanches ;

à l'instant près dégénère ;

Plus rien ne reste si ce n'est qu'une flash ;

- Oui, il y a un homme là !

Un homme dans la tombe où ;

la chaire serait une chose mauve ;

comme une éclaire, ;

Je m'en irai très loin dans l'oubli ;

Dans le passage faible du temps.

Ma petite étoile du jour

Allez-y voir si la pourpre de cette nuit-là
est devenue un bref ennui ;

si les blessures de notre amie

ont dissous ce matin

Allons-y voir si la nuit ;

Cette étoile qui toujours brille son teint ;

la nuit elle s'etiole en flots sous les roses du lit ;

le matin que le Sage promet ne console plus ses crises ;

La petite étoile de retour aux astres ;

fébrilement chante une joie lointaine

Allez-y donc voir si votre amour existe ;

tout jour si oui ou si oui je serai là telle une ombre ;

Si oui je marcherai vitement pour un éclat de rire ;

ma petite étoile est si loin de mon amour de saison ;

ma petite Etoua est sinistre de mon amour sans raison ;

Si oui j'avancerai avec trois bouquets de fleurs ;

Un pour le sort et les deux autres: ;

une vase en cœur d'homme couvert de parfum, ;

de prières et encore d'encre d'amour éphémère.

La Salle R

La salle est vide comme
Une plage en hiver, ;
Comme une nuit sans étoiles. ;
La route est vide comme un ;
Bout de pain sans miel ;
Comme une fin sans début. ;
Si brusque tout en fumée ;
Et plus rien ne reste ;
Si triste si ce n'est rien !
La route était toujours longue ;
Et plus rien ne reste ;
Si ce n'est qu'une mémoire obscure ;
D'une rose neige un peu floue ;
D'une fameuse rose oublieuse ;
Tout en éclat de fumée, ;
Il ne reste même pas un mégot. ;
Rien que la fumée d'un feu éteint ;
Il y avait des jours heureux.
La *Salle R* est pleinement vide comme ;
Une lune sans éclat ;
Comme une nuit sans étoiles.

Cadeau de mariage

Loreth Eldiva...

Les nœuds au bout
du buste, mal noués,

et un cœur mal nourri.

Il n'aura jamais une

femme de grand cœur

Comme moi, j'ai tout donné.

Les rouges à lèvres fleuris

Au bout du must

Comme ces filles avec lesquelles,

Tu as fleurtées.

Que du bonheur, je te souhaite et

Beaucoup de chagrin

Dans mon cœur de femme.

Les vérités d'amour sont

Comme de la glace

Sur la langue âpre

Des sentiments aveugles et hypocrites.

Que du bonheur,

Je te souhaite

Avec cette nouvelle victime

De ce ravissant jeu amoureux...

Le meilleur reste à venir

Je m'en irais un jour dans l'inconnu,

ma douleur profonde aussi :

La vie m'est trop brutale.

Dans l'obscurité des lampes du destin hasardeux

de ma furtive réalité...

Je disparais un jour.

Que du bonheur à espérer

si j'en trouve là-bas.

Je ne saurais quoi faire d'une telle richesse

si la solitude me tourmente

et me caresse la peau.

Vous seriez ici avec ce grand trou

que l'avenir couvrira avec l'oubli.

Moi, je vous regarderais tristement sangloter

de peine et de bonne heure.

Dans ma tumultueuse paix,

je serais assis là,

sur ce banc, sentir la rose écarlate sombre.

Cette mélodie que seule la nature

me donnerait.

Après ma fin,

tu ne serais qu'une simple information en moi.

L'amour que j'ai apportée s'en irait aussi

avec le temps.

Depuis les ciels l'amour perdure,

je t'écrirais une vie sans mort

Août en pluie

À Jaël

Le katana manque de pitié sur ses dents,

le sang rose glisse bellement sur ce sol

Où les mères attendent sans impatience

le retour des maris defunts...

L'âme du cœur avait affûté sa lame

Pour trancher les cœurs de jeunes amoureux malheureux

Pour couper en deux l'amour et la haine des mondes

Entre elle et moi, le temps nous éloigne toujours !

Ô ce beau jardin pourvu pour des jours calmés

Terre des hommes morts et des femmes pleureuses

En toi, je m'oublie tendrement. En elle, je m'aime sans forme

Pour des voyages de Dolisie à ici

Des blessures silencieuses pour la lune

Un combat ultime

Une cérémonie pour tous nos héros en noir

Il est des nuits sans lueur

Sans espoir ni tendresse

Ils arrivent des vents violents qui balaient tout

De tempête qui fait au Titanique un détour

Des jours sombres comme

Un regret dans le cœur d'une femme si

Belle que toi...

Quelle distance qui te sépare de lui...

Que veux-tu l'amour nous lie encore

Si loin de tes lèvres et pourtant si

Près de ton âme

Une histoire d'amour n'est pas que passion-peine

Mais aussi amour et tendresse du cœur

Tu dois être belle dans ton lit

Là-bas, à penser peut-être à nous deux dans ce jardin

Ou a étudier tes leçons avec tout ton charme

Une trace dans le fleuve des vivants

Aussi loin que ma voix sonnerait

Cet écho ne serait pas si fort

Pour atteindre l'éternité

Des hommes et leur donner

Une nouvelle vie pleine de grâce

Une victoire perdue dans l'esclavage

Qui malgré le temps a fait des ravages

Parmi tant d'autres TITUBA n'est qu'un visage

Oh que oui, elle ne sonnerait peut-être pas à cet âge

Ou jamais...

Aussi loin que cette mémoire survivra...

Printed by Books on Demand GmbH, Norderstedt / Germany